今天,我們來說故事

說故事

選路徑

聽起來很有趣！

文／凱特·貝克　圖／馬達琳娜·馬杜索

這本書怎麼玩？

今天，我們來說故事是一本特別的故事，由你來選擇遇到誰、要往哪裡走，以及該做些什麼。

玩法很簡單……

◆ 決定好要走哪條路。
◆ 說說你看到了什麼。
◆ 跟著路徑前往下一頁。

想要騎著大象穿越魔法森林與大巨人戰鬥，還是打扮得像個公主？想像當你遇到幽靈貓，或者將大毛怪變成一只茶壺？走進故書小徑，任何事都有可能發生！

準備好了嗎？那就翻開下一頁吧！

開始咯！

從前從前，

有一個……

往這走！

往這走

往這走！

你選了誰？

◆ 他們的名字是？
◆ 他們看起來像什麼？
◆ 他們住在哪裡？

有一天，
他和同伴正騎著╱
乘著……

往這走！

往這走！

你選了什麼？

◆ 牠／它發出什麼樣的聲音？

◆ 牠／它的速度有多快？

◆ 他們要去哪裡？

他們才一轉彎

就停了下來，
因為神祕的⋯⋯

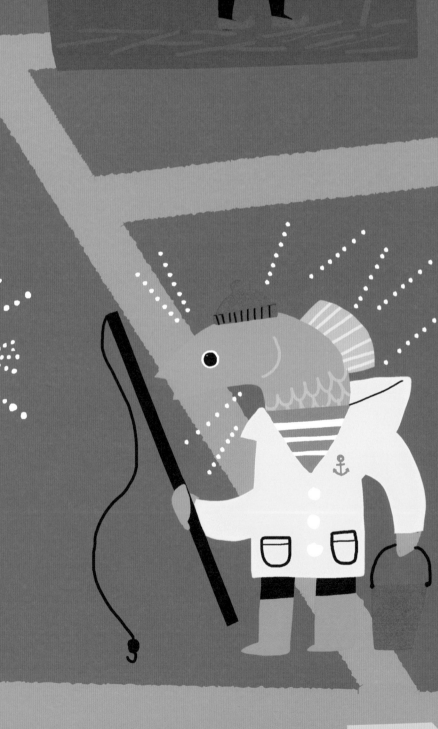

往這走！

往這走！

給了他們一個
魔法……

地圖

他們選了
什麼？

當他們伸出手
去拿時……

↑
往這走

你選了誰？

◆ 描述他們的樣子
◆ 他們說了什麼？
◆ 他們是友善的嗎？

忽然冒出
一團煙霧，
他們被魔法帶到
另一個奇妙的地方。
那裡是……

往這走！

往這走！

你選了什麼？

◆ 那裡看起來如何？
◆ 聞起來像什麼？
◆ 還有其他人在那裡嗎？

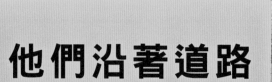

他們沿著道路
繼續走啊走，
直到經過一座……

禁止踩踏

他們
敲了敲
門，
來開門的是一家
子親切的……

往這走！

這家人邀請他們
進屋，一起享用
美味的……

往這走！

他們吃了
什麼？

你選了誰？

◆ 描述他們的樣子。
◆ 大家聊了些什麼？
◆ 房子裡看起來怎麼樣？

突然響起
一陣轟隆
的雷聲！
門邊出現了兇狠
又嚇人的……

他們被
困住了！
但是他們隨即發現
一個魔法……

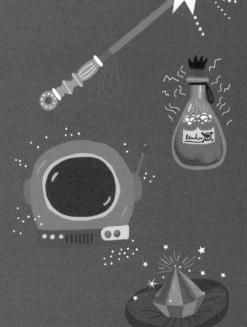

能夠將怪物
變成……

當他們逃跑時，

發覺有間房間滿滿都是衣服。
於是他們快速換裝，
假扮成……

往這走！

然後戴上……

他們選了
哪一頂？

往這走！

你選了
什麼？

◆ 是什麼顏色
　的服裝？
◆ 穿起來合身嗎？
◆ 有沒有被誰
　看見呢？

他們躡手躡
腳的走進隔
壁房間

碰巧
找到了……

往這走！

往這走！

書

你選了
哪一個箱子？

◆ 箱子有多重？

◆ 裡面裝了什麼？

◆ 什麼是最棒的寶物？

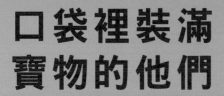

口袋裡裝滿
寶物的他們
跑到外頭，
發現有……

往這走！

往這走

你選了
什麼？

◆ 它有多大？
◆ 是用什麼做的？
◆ 它會發出聲音嗎？

往這走！

他們快如
閃電的
加速逃離，
途中看到了……

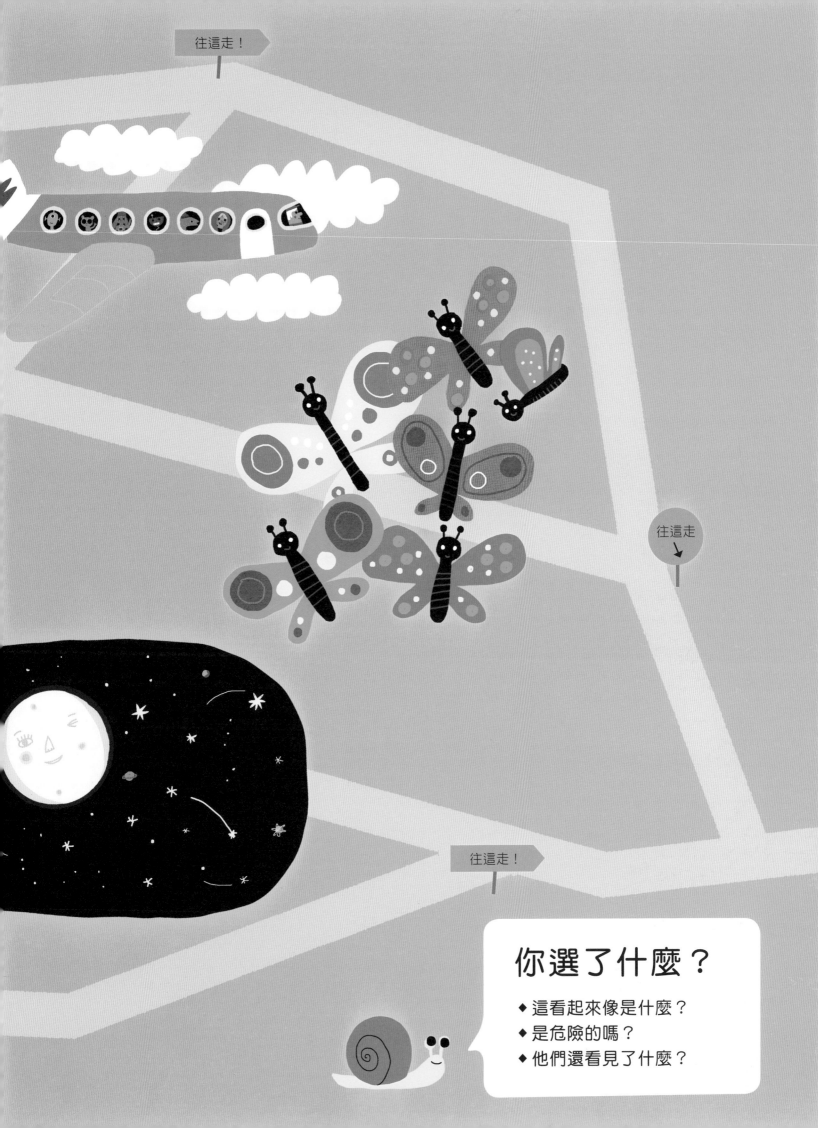

終於，
回到家了。

他們將這次冒險
告訴朋友們，
然後痛快的……

在躺到……
睡覺前。

往這走！

往這走

你選了什麼？

◆ 它睡起來舒服嗎？
◆ 他們會睡多久？
◆ 他們會夢到什麼呢？

從此以後，他們便過著幸福快樂的日子。

待續……

文／凱特・貝克　圖／馬達琳娜・馬杜索　譯／林怡安

主編／胡琇雅　美術編輯／吳詩婷

董事長／趙政岷　第五編輯部總監／梁芳春

出版者／時報文化出版企業股份有限公司

108019台北市和平西路三段240號七樓

發行專線／（02）2306-6842

讀者服務專線／0800-231-705、（02）2304-7103

讀者服務傳真／（02）2304-6858

郵撥／1934-4724時報文化出版公司

信箱／10899臺北華江橋郵局第99信箱　統一編號／01405937

copyright © 2019 by China Times Publishing Company

時報悅讀網／www.readingtimes.com.tw

法律顧問／理律法律事務所　陳長文律師、李念祖律師

Printed in Taiwan 初版一刷／2019年6月14日 初版四刷／2022年10月4日

版權所有 翻印必究（若有破損，請寄回更換）

採環保大豆油墨印製